L n 1$/$7$9$38.

LETTRE

DE M. RACINE A M***

AU SUJET DE L'ARTICLE
concernant feu M. Rouſſeau,
lequel eſt inſéré au quatrième
Volume du Dictionnaire hiſto-
rique & critique, pour ſervir de
Supplément au Dictionnaire de
Bayle, *par M. de Chauffepié.*

———————————

Inſérée dans le Journal de Trévoux,
Janvier, 1757. II. vol.

27
1 m. 17938

LETTRE

DE M. RACINE A M***

AU SUJET DE L'ARTICLE concernant feu M. Rousseau, lequel est inséré au quatrième *Volume* du Dictionnaire historique & critique, pour servir de Supplément au Dictionnaire de Bayle, *par M. de Chauffepié.* *

Insérée dans le Journal de Trévoux, Janvier, 1757. II. vol.

VOus m'écrivez, Monsieur, que vous n'avez pû lire sans indignation, dans le Supplément du Dictionnaire de Bayle, le long

---

* L'Article *Rousseau*, inséré au quatrième Volume du Dictionnaire de M. de Chauffepié, est extrêmement injurieux à la mémoire de feu M. Rous-

A

article de *Rousseau* , & que je fuis obligé d'y répondre , parce que j'y fuis fouvent attaqué.

---

feau. Sans prétendre juftifier cet homme célèbre , nous croyons qu'il ne convenoit pas d'en parler avec fi peu de ménagement ; de fe permettre fur-tout , à fon égard, tant de réflexions malignes , tant de conjectures hazardées ; en un mot, de placer dans un Dictionnaire hiftorique une fatyre fi violente. M. de Chauffepié n'en eft pas l'Auteur , & nous le croyons fans peine ; il écrit d'ordinaire avec plus de fang froid : mais il adopte ce morceau, & nous ofons en témoigner notre furprife. La Lettre que nous tranfcrivons ici n'eft pas une Apologie en forme de Rouffeau ; mais elle fuffit pour réfuter l'Article du Dictionnaire. M. de Chauffepié ne pourra fe plaindre de M. Racine qui obferve , dans toute cette Lettre , les loix de la modération , & qui ne dit que des chofes dont il eft bien inftruit. Au refte nous comptons faire connoître bientôt tout ce quatrième Volume du Dictionnaire. Il s'y trouve des Articles curieux , & quelques-uns qui peuvent fournir matière à une honnête & raifonnable Critique.

Je le fuis , Monfieur, d'une manière qui ne peut m'offenfer); puifque quand il feroit vrai que j'aurois été la dupe d'un hypocrite, ma crédulité , où , fi l'on veut, ma fimplicité , n'a jamais fait tort ni à moi, ni à perfonne. Quant à Rouffeau, il y eft traité avec tant d'injuftice , que l'Auteur de ce Dictionnaire, ne voulant pas apparemment avoir cet article fur fa confcience , prévient par une note à la marge , qu'il *l'a fait imprimer tel qu'il lui a été remis.* Il ne l'a donc pas compofé, mais il s'eft crû permis de le recevoir. Dans ce même Dictionnaire, ou quelques pages après , on trouve à l'article du fameux ennemi de Rouffeau , des preuves non douteufes de ce que Rouffeau en a toujours dit : grand préjugé pour Rouffeau, qui cependant eft, dans fon article , impitoyablement déchiré.

C'eſt à ceux qu'il a laiſſés dé-
poſitaires de ſes papiers, à dé-
fendre ſa mémoire. Pour moi,
qui ne lui dois que la reconnoiſ-
ſance de l'eſtime qu'il m'a toujours
témoignée, & qui d'ailleurs ai
déteſté toute ma vie toute diſ-
pute, j'avoue que, quoique très-
fâché de voir outragé dans ſon
honneur, un Poëte dont, malgré
ces outrages, les vers vivront toujours, je ne vois rien qui m'oblige
à repouſſer ceux qui ne ceſſent de
troubler ſa cendre. Quand même
j'aurois ce zèle pour lui, je ne
daignerois pas répondre à cet article du Dictionnaire, qui eſt
ſuffiſamment détruit par l'aveugle
paſſion qui y regne : je ne vous
en donnerai que deux preuves.

On y décide qu'il avoit un
mauvais cœur, parce qu'il ſe trouve
un vuide de quelques années, dans
ſes Lettres à M. Boutet : on en
conclut qu'il ne lui écrivoit que

par intérêt , quand ſes affaires alloient mal , & qu'il l'oublioit quand elles alloient bien. Pourquoi veut-on qu'on ait donné au Public une ſuite ſans interruption de toutes ſes Lettres ? On n'a donné que celles qu'on a pu recueillir ; pluſieurs autres très-curieuſes ont été (je le dois ſçavoir) ſacrifiées à ſes ennemis, par ceux qui les poſſédoient. M. Boutet de Monthéri, qui n'étoit pas capable de leur faire un ſi agréable ſacrifice, me remit avec joie toutes celles qui lui reſtoient , en me diſant que je venois un peu tard , & que j'y trouverois un vuide , parce qu'il en avoit laiſſé prendre pluſieurs à une perſonne, qu'il me nomma, & qu'elles n'avoient jamais été rendues, quoique très-redemandées. Voilà donc la cauſe de ce vuide , qui fait paroître Rouſſeau un mauvais cœur.

On lui reproche de parler ſouvent, dans ſes Lettres, des Grands qui le protegent , d'où l'on conclut qu'il étoit plein de vanité. Qu'on faſſe attention qu'un malheureux, banni comme un ſcélérat, doit ſe vanter de toutes les marques d'eſtime qu'il reçoit : c'eſt ſe juſtifier.

On lui fait encore un crime, de ce que dans une Lettre à M. de Monthéri, en lui parlant de deux amis qu'il avoit à Bruxelles, il dit, *ce ſont les deux hommes les plus vertueux que je connoiſſe* : de-là on conclut qu'il ne mettoit ſon bienfaiteur qu'au ſecond rang : *ne devoit-il pas*, dit-on, *être bien flatté d'une pareille amitié?* M. de Monthéri lui a donné juſqu'à la mort, des preuves ſolides de la ſienne , parce qu'il ne l'a jamais ſoupçonné d'ingratitude, ni d'indifférence , & qu'il n'étoit pas capable de donner aux mots un ſens ſi littéral. Lorſque nous difons en parlant de quelqu'un ; *c'eft le plus honnête homme du monde*, offenfons-nous tous les honnêtes gens qui font fur la terre, en ne les mettant qu'au fecond rang ? Prendre de pareils prétextes pour accufer un homme, c'eft annoncer fa haine contre lui.

On me reproche, dans ce même article, d'avoir avancé dans mes deux Lettres qui précèdent le recueil des fiennes, qu'il étoit bon juge des ouvrages d'efprit ; & pour prouver le contraire on fait une longue note, à laquelle je pourrois foufcrire moi-même, puifque j'ai dit, dans une de ces Lettres, que quand il parloit des Ouvrages de l'antiquité, il en parloit en grand Juge ; *mais qu'il ne l'étoit pas toujours quand il parloit des Ouvrages de fes contemporains.* C'eft avouer fincèrement un de fes défauts ; & quoique j'en aie avoué quelques autres dans

ces deux mêmes Lettres, elles font
caufe qu'on m'appelle fon *zélé dé-
fenfeur.*

Je n'ai de zèle que pour la
vérité ; & c'eft par cette raifon,
qu'après avoir écrit ces deux Lettres, conformément à ce que j'a-
vois appris de lui, de crainte d'avoir
été trompé j'ai queftionné plu-
fieurs de ceux qui l'avoient connu
ou à Paris dans fa jeuneffe, ou à
Bruxelles & à Vienne. J'ai fouvent
interrogé fur fon compte, M. Blan-
chard mon confrère à l'Académie,
homme d'une grande piété, & par
conféquent incapable d'indulgence
pour le vice. De tout temps, étroi-
tement lié avec Mrs Boutet père
& fils, il avoit fouvent vu Rouffeau chez eux, & il fçavoit par eux
toutes les particularités de fa vie:
aucun des traits d'ingratitude &
de perfidie, dont il a été accufé,
n'étoit véritable, fuivant qu'il me
l'a affûré. Enfin ni par lui, ni par

d'autres , je n'ai rien appris qui m'oblige à rien rétracter de ce que j'ai avancé sur sa probité dans ces deux Lettres , où j'ai seulement à réformer un endroit pour une plus grande exactitude.

Quand j'y ai dit que , sur les sages remontrances de M. Rollin, il avoit supprimé un Testament dans lequel il nommoit l'Auteur des Couplets , j'ai dû dire seulement qu'il y avoit supprimé le nom du coupable. J'ai appris depuis que , dans ce Testament trouvé après sa mort, au-dessus du nom de ce coupable , rayé par lui , étoit écrit de sa main, *un ennemi déclaré*. A la marge *approuvé la rature* , & ensuite *dimitte nobis sicut dimittimus*.

Après la déclaration qu'il fit en recevant les Sacrements ; après celleci trouvée dans son Testament ; après ce que M. Titon du Tillet a rapporté dans son Parnasse François ; enfin après le Mémoire de

M. Boindin, cette affaire, si long-
temps ténébreuse, peut-elle l'être
encore ? Il ne tient pas à l'Auteur
de l'Article inseré dans le Supplément du Dictionnaire de Bayle,
qu'elle ne le soit toujours. Il s'ef-
force de rappeller ces ténébres, &
il va jusqu'à avancer que le Mémoire de M. Boindin *ne fait abso-
lument rien pour la justification
de Rousseau.* Eh ! par qui un accusé
peut-il être mieux justifié que par
son accusateur ? Qui ne sçait que
M. Boindin, dans un Caffé où il
alloit tous les soirs, disoit haute-
ment : *J'ai moi - même déposé
contre Rousseau ; j'étois jeune, &
je faisois ma cour : il n'est point
l'Auteur des Couplets, & j'ai déve-
loppé ce mystère dans un Mémoire, qui ne peut paroître qu'a-
près ma mort.* Il craignoit de dé-
plaire à deux Magistrats qui ne
sont morts qu'après lui.

Je suis très - convaincu que

M. Boindin a tort lorſque, dans ce Mémoire, il paroît ſoupçonner l'équité des Juges, & je ne pardonne point à Rouſſeau l'amertume avec laquelle il s'eſt plaint d'eux. Il avoit lieu de croire quelques-uns d'eux peu diſpoſés à le favoriſer, parce qu'il avoit offenſé, dans ſes Vers, leurs amis ou leurs parents, & ce Rondeau *En manteau court, en perruque tapée &c.* lui en faiſoit craindre un qui étoit puiſſant. C'eſt ce qui doit apprendre aux Poëtes, combien il eſt dangereux pour eux de ſe livrer à ces plaiſanteries qu'ils ſe croient permiſes. Ce Rondeau, Monſieur, ne vous paroît pas fort criminel, & perſonne n'y eſt nommé ; mais Rouſſeau, en ne prenant pas comme Horace & Boileau la liberté de nommer, étoit ſouvent plus ſatyrique & plus cruel qu'eux, par des portraits ſi reſſemblants qu'il étoit inutile d'y ajoûter les noms.

Ce n'étoit donc pas fans fujet
qu'il craignoit la rigueur de quelques Juges, mais il n'a jamais dû
les croire capables de condamner
un innocent par de pareils motifs ;
& il s'emporte quand il écrit dans
une de fes Lettres, Tom. I. p. 185 :
L'oppreffion où je me trouve depuis
tant d'années, quelque jufte qu'elle
puiffe être dans l'ordre de la Pro-
vidence, eft la plus grande injuftice
qui ait été commife dans l'ordre de
la juftice humaine. Il fe poffédoit
mieux lorfqu'après avoir appris fon
jugement, il écrivoit p. 49 : *Si je*
fuis banni pour mes Epigrammes,
c'eft une autre affaire. Je ne me
plains pas d'avoir été jugé à la
rigueur fur une chofe fur laquelle
je paffe moi-même condamnation ;
& lorfqu'il finiffoit ainfi une Lettre
pleine d'une morale admirable,
p. 118 : *Vous ferez peut-être fur-*
pris de recevoir de pareils confeils
d'un Faifeur d'Epigrammes ; mais,

Dieu merci , j'en ai porté la peine , & je m'eſtimerois malheureux ſi je n'en avois pas été puni.

Il étoit en effet coupable devant Dieu & devant les hommes , de Vers licencieux & ſatyriques ; mais outre cela , quoiqu'innocent des fameux Couplets & du crime de ſubornation , il a pu en paroître coupable par la procédure , d'autant plus qu'il fut jugé par contumace , & que lui-même , dans une de ſes Lettres , Tom. V. p. 153 , étonné de la précipitation du jugement , ſoupçonne la fidélité de ſon Procureur dont il ne reçoit plus aucunes nouvelles , & paroît très-inquiet d'une procuration en blanc qu'il a envoyée , & dont on peut avoir fait un mauvais uſage.

Ses ennemis employerent d'étranges moyens pour le perdre , & , s'il eſt coupable d'avoir ſouvent trempé ſa plume dans le fiel , ils ſont très-coupables de l'avoir irrité

par tant de noirceurs & de calom-
nies. Un chien enragé, (c'eſt ainſi
qu'ils l'ont dépeint) n'eſt jamais
long-temps ſans mordre : cependant il ne s'eſt fait que des amis
dans les pays étrangers où il a
paſſé la plus grande partie de ſa
vie : on y a par-tout rendu juſtice
à la ſageſſe de ſa conduite & à ſes
mœurs, & ſes compatriotes ſont
venus l'attaquer lorſqu'il ne cher-
choit querelle à perſonne. En voici
une preuve.

Il apprend qu'il paroît en Hol-
lande, ſous le nom de ſon intime
ami M. Broſſette, un Libelle af-
freux contre lui, & il découvre
que ce Libelle eſt l'ouvrage d'un
Abbé, que deux mois auparavant
il a ſervi de ſon crédit & de ſa
bourſe à la Cour de Vienne. C'eſt
de cette noirceur inconcevable
qu'il ſe plaint dans ſa Lettre,
Tome V. p. 91 ; il s'en étoit plaint
dans d'autres que j'ai eues entre les

mains avec celles de M. Broſſette
ſur cette même affaire, & celles
même de cet Abbé qui avouoit ſa
perfidie. Je les ai toutes ſupprimées pour l'honneur d'un Prêtre,
qui fut pourtant très-décrié juſqu'à
ſa mort.

Combien de choſes peu favo-
rables à ſes ennemis, ai-je pareil-
lement ſupprimées dans ſes Lettres qui m'ont été confiées ! J'en ai
eu beaucoup : toutes ne pouvoient
être imprimées, parce que pluſieurs ne contenoient rien d'inté-
reſſant ; mais je les ai toutes lues,
& je puis aſſûrer que, dans aucune
d'elles, même dans celles écrites
quand il étoit jeune, je n'ai jamais
trouvé un ſeul mot licencieux, jamais rien qui eût rapport à des
matières de galanterie ; & ſur les
matières de Religion, rien qui ne
fût reſpectueux. On eût pu les imprimer toutes, ſans avoir jamais
rien à retrancher ſur ces deux Ar-

ticles. Ce qui bleſſe la charité
Chrétienne, eût arrêté ſouvent un
ſage Cenſeur, parce qu'en écrivant
à ſes amis, il ſe livroit à ſa colère
contre ſes ennemis. Je n'ai fait que
ce que j'ai dû, en effaçant pluſieurs
de ces traits qui, dans la vivacité, lui
étoient échappés contre eux ; ainſi
celles de ſes Lettres, dont j'ai été
le maître avant qu'elles fuſſent imprimées, n'ont dû offenſer perſonne, & n'ont pu que faire honneur à ſon caractère.

Ce fut le jugement qu'en porta,
quand elles parurent en 1750,
l'Auteur du Journal impartial. *On
y voit*, diſoit-il, *du chagrin & de
la douleur, cela eſt naturel ; mais
on y voit auſſi, & plus ſouvent, de
la réſignation & de la confiance en
Dieu, & tous les ſentimens d'une
vraie piété. Je ne conçois pas qu'il
eût pu ſoûtenir ce rôle avec tant
d'amis d'un ordre ſi différent, ſans
que jamais on eût ſenti l'hypocri-
ſie, s'il y en a eu.*

Le jugement de ce Journaliste ne plut pas à tout le monde. Bientôt après il reçut une lettre, dans laquelle on s'efforçoit de lui prouver l'hypocrisie de Rousseau. Il la fit imprimer dans son Journal, & pour montrer qu'il étoit véritablement *impartial*, il déclara qu'il ne prendroit point parti dans cette dispute.

D'où vient donc une haine si obstinée ? Pourquoi persécuter jusques dans le tombeau un homme qui fut si malheureux toute sa vie ? Quand ses persécuteurs pourroient prouver les crimes dont ils l'accusent, quel bien leur en peut revenir ? Il est mort, & ses Vers ne mourront pas. S'il n'en eût fait que de médiocres, il eût vécu tranquille, & on laisseroit en paix sa cendre ; mais où ne va point l'*Odium Poëticum* ?

Reconnoissons cependant que ceux qui au talent de la Poësie joi-

gnent la nobleſſe des ſentimens, lui
rendent juſtice. M. Le Franc, dans
ſon Ode ſur la mort de celui qu'il
appelle l'Orphée de la France, ne
craint point de dire à ſes perſécu-
teurs,

> Vous dont l'inimitié durable
> L'accuſa de ces Chants affreux
> Qui méritoient, s'il fut coupable,
> Un châtiment plus rigoureux ;
> Dans le Sanctuaire ſuprême,
> Grace à vos ſoins, par Thémis même,
> Son honneur eſt encor terni ;
> J'abandonne ſon innocence,
> Que veut de plus votre vengeance ?
> Il fut malheureux & puni.

Il a été puni ſur la terre, & il eſt
maintenant jugé par le grand Juge.
Quand ſes ennemis, à qui je ſou-
haite autant de Religion qu'il en a
eu, craindront le même Tribunal,
ils n'iront pas chercher place dans

les Dictionnaires, à leurs éternel-
les accusations, quand même elles
seroient véritables.

Je suis, Monsieur, votre très-
humble & très-obéissant servi-
teur,

RACINE.

www.ingramcontent.com/pod-product-compliance
Lightning Source LLC
Chambersburg PA
CBHW060819280326
41934CB00010B/2747